في الصّحرا

كتبْها مُحمّد صُبْحي

In the Desert

Egyptian Arabic Reader – Book 14

by Mohamed Sobhy

lingualism

ISBN: 978-1-949650-23-5

Written by Mohamed Sobhy

Edited by Matthew Aldrich

Cover art by Duc-Minh Vu

Audio by Heba Salah Ali

website: www.lingualism.com

email: contact@lingualism.com

Introduction

The **Egyptian Arabic Readers** series aims to provide learners with much-needed exposure to authentic language. The books in the series are at a similar level (B1-B2) and can be read in any order. The stories are a fun and flexible tool for building vocabulary, improving language skills, and developing overall fluency.

The main text is presented on even-numbered pages with tashkeel (diacritics) to aid in reading, while parallel English translations on odd-numbered pages are there to help you better understand new words and idioms. A second version of the text is given at the back of the book, without the distraction of tashkeel and translations, for those who are up to the challenge.

New to this edition: the English translations have been revised for improved clarity and accuracy. Each story now also includes **20 comprehension questions** with example answers to help reinforce your understanding of the text. A **sequencing exercise** is provided as well, where you'll put ten key events from the story back in their correct order. These additions make the book even more useful for self-study, classroom use, or group discussions.

Visit www.lingualism.com/audio, to stream or download the free accompanying audio.

This book is also available in Modern Standard Arabic at www.lingualism.com/msar.

في الصّحرا

أهْلاً بيكو، أنا أحْمد. بحِبّ السّفر و بحِبّ أقابِل ناس مُخْتلِفة. و لإِنيّ بسافِر كِتير بينْ المُحافْظات، القطْر أحْسن طريقة ليّا عشان أسافِر لإِنُّه سريع و رِخيص كمان.

في يوْم الخميس القطْر بِيْكون زحْمة أوي. كُلّ الكراسي بِتْكون ملْيانة و كمان فيه ناس كِتير بِتِفْضل واقْفة بينْ الكراسي.

القطْر بِيْكون عِبارة عن أرْبع كراسي في اليِمين و أرْبع كراسي في الشِّمال، على شكْل مُربّعات.

أوِّل ما رِكِبْت القطْر، وِقِفْت جنْب أرْبع رِجالة قاعْدين و بِيِتْكلِّموا.

كُنْت باصِص على السّاعه بِتاعْتي و مِسْتنّي الوَقْت يِخْلص عشان أنْزِل مِن القطْر، لِحدّ ما واحِد مِن اللي قاعْدين قاليّ: "يا أُسْتاذ. أنا هنْزِل. تِحِبّ تُقْعُد؟"

قُلْتِلُه: "أكيد! شُكْراً جِدّاً."

قام الرّاجِل مِن على الكُرْسي، و قعدْت مكانُه، و كُنْت مبْسوط جِدّاً لإِنيّ قعدْت في كُرْسي فاضي.

Hello! I'm Ahmed. I love traveling and meeting different people. And because I travel a lot between governorates, the train is the best way for me to travel because it's fast and also cheap.

On Thursdays, the train is really crowded. All the seats are full, and there are also many people standing between the seats.

The train has four seats on the right and four seats on the left, arranged in squares.

As soon as I got on the train, I stood next to four men sitting and talking.

I was looking at my watch, waiting for the time to pass so I could get off the train, until one of the men sitting said to me, "Mister, I'm getting off. Do you want to sit down?"

I said to him, "Of course! Thank you so much."

The man got up from the seat, and I sat in his place, and I was really happy because I got to sit in an empty seat.

التّلاتة اللي قاعْدين معايا شكْلُهُم كِده صُحاب. بسّ أنا معْرفْهُمْش و هُمّا كمان مَيِعْرفونيش.

لقيْت واحِد فيهُم لابِس حاجة على راسُه بِيْقولوا عليْها (عِمّه). كُنْت بشوف العِمّة دي في المُسلْسلات و الأفْلام، بسّ دي أوِّل مرّة أشوفْها في الحقيقة.

سألْتُه: "هُوَّ إنْتَ مِن الصّعيد؟"

قالّي: "أَيْوَه يا أُسْتاذ."

اِسْتغربْت مِن إنُّه مِن الصّعيد و مَوْجود في القاهِرة، فا قُلْتِلُه: "إنْتَ جيْت هِنا مِشْوار وَلّا أيْه؟"

قالّي: "لأ، أنا بسافِر معَ صُحابي و بِنْروح أماكِن جِديدة في مصْر."

قُلْتِلُه: "بِجدّ؟ أنا كمان بحِبّ السّفر و على طول بسافِر. حدّ فيكو قبْل كِده راح القرْيَة في الرّيف؟"

واحِد مِن اللي قاعْدين قال: "أَيْوَه، أنا أساساً مِن الرّيف، و كُلّ سنة بِنْروح مكان مُخْتلِف."

سألْتُه: "أُمّال السّنة دي رايْحين فيْن بقى؟"

ردّ عليّا و قالّي: "هنروح الصّحرا[1]."

The three guys sitting with me seemed like friends. But I didn't know them, and they didn't know me either.

I saw one of them wearing something on his head they call a ('imma). I used to see the 'imma in TV series and movies, but this was the first time I saw it in real life.

I asked him, "Are you from Upper Egypt?"

He said to me, "Yes, sir."

I was surprised that he was from Upper Egypt and in Cairo, so I said to him, "Did you come here for an errand or what?"

He said, "No, I travel with my friends and we go to new places in Egypt."

I said to him, "Really? I also love traveling and I'm always on the move. Has any of you ever been to a village in the countryside?"

One of the guys sitting said, "Yes, I'm originally from the countryside, and every year we go to a different place."

I asked him, "So where are you going this year then?"

He replied and said to me, "We're going to the desert."

---

[1] صحرا can also be pronounced صْحْرَا.

اِسْتغْربْت مِن إنُّهُم عايْزين يِروحوا الصّحرا و سألْتُه: "بسّ الصّحرا فاضْيَة. تِروح تِعْمِل أيْه في الصّحرا؟"

ردّ عليّا و قال: "مين قالّك إنّها فاضْيَة؟ لازِم تِشوف كُلّ حاجة بِنفْسك."

اِقْتنعْت بِكلامُه، و سألْت الرّاجِل التّالِت اللي قاعِد معاهُم: "إنْتَ هترْوح معاهُم الصّحرا؟"

ردّ و قالّي: "لأ، أنا تِعِبْت مِن آخِر سفر فا هرْتاح في البيْت."

قُلت لِلصّعيدي: "طيِّب مُمْكِن آجي معاكو في الرِّحْلة دي؟ أنا سافِرْت كِتير قبْل كِده و عايِز أكمِّل معاكو."

الصّعيدي ردّ: "مفيش مُشْكِلة، بسّ إنْتَ أيْه رأْيَك الأوِّل يا عِماد؟" عِماد كان الوَلد اللي مِن القرْيَة.

عِماد ردّ و قالُّه: "أنا معنْديش مانِع."

كُنْت مبْسوط جِدّاً إنيّ هسافِر معاهُم، و سألْت الصّعيدي: "إنْتَ إسْمك أيْه؟"

قالّي: "إسْمي محْمود."

قُلْتِلُه: "و أنا أحْمد. اِتْشرّفْت بيك."

و محْمود قال: "الشّرف لِيّا."

[2:41]

I was surprised that they wanted to go to the desert and asked him, "But the desert is empty. What would you do in the desert?"

He replied and said, "Who told you it's empty? You have to see everything for yourself."

I was convinced by what he said and asked the third man sitting with them, "Are you going with them to the desert?"

He replied and said to me, "No, I got tired from my last trip, so I'll rest at home."

I said to the guy from Upper Egypt, "Okay, can I come with you on this trip? I've traveled a lot before and I want to continue traveling with you."

The Upper Egyptian guy replied, "No problem, but what do you think first, Emad?" Emad was the guy from the village.

Emad replied and said to him, "I don't mind."

I was really happy that I'd be traveling with them, and I asked the guy from Upper Egypt, "What's your name?"

He said to me, "My name is Mahmoud."

I said to him, "And I'm Ahmed. Nice to meet you."

And Mahmoud said, "The pleasure is mine."

نِزِل صاحِبْهُم التّالِت مِن القطْر في المحطّة اللي بعْدها.

كان الكُرْسي بِتاعي جنْب الشِّبّاك، فا عِرِفْت أتْفرّج بِراحْتي على الشَّوارِع و الأراضي الزِّراعية الواسْعة و لوْنْها الأخْضر الجميل.

سألْت محْمود: "أيْه اللي حصل لِصاحِبْكو؟ ليْه مِش هَييجي معاكو الصّحرا؟"

ردّ محْمود و قال: "بِيِتْعب مِن السّفر الكِتير. و إحْنا كُلّ يوْم بِنْسافِر. اِوْعى تِتْعب إنْتَ كمان!"

قُلْتِلُه لأ لأ، أنا مبتْعبْش مِن السّفر خالِص. أنا سافِرْت كِتير و مبتْعبْش خلاص.

عِماد ضِحِك و قال: "هنْشوف، هنْشوف!"

عدّى واحِد في القطْر و فِضِل يِقول: "شاي! شاي! شاي!"

سألْتُهُم: "حدّ فيكو يِحِبّ يِشْرب شاي؟ أصْل أنا بحِبُّه أوي."

محْمود قال: "كُلِّنا بِنْحِبّ الشّاي!"

محْمود نادى على بِتاع الشّاي و قالُّه: "تلات كوبّايات لَوْ سمحْت."

كوبّايات الشّاي كانِت صْغيرّة، بسّ طعْم الشّاي كان حِلْو.

بدأ عدد النّاس في القطْر يِقِلّ و يِقِلّ.

[4:05]

Their third friend got off the train at the next station.

My seat was next to the window, so I could comfortably watch the streets and the wide green farmland, with its beautiful green color.

I asked Mahmoud, "What happened to your friend? Why isn't he coming with you to the desert?"

Mahmoud replied and said, "He gets tired from too much traveling. And we travel every day. Don't you get tired too!"

I said to him, "No, no, I never get tired of traveling. I've traveled a lot and I don't get tired at all."

Emad laughed and said, "We'll see, we'll see!"

A guy passed by on the train calling out, "Tea! Tea! Tea!"

I asked them, "Does anyone here like drinking tea? Because I love it so much."

Mahmoud said, "We all love tea!"

Mahmoud called out to the tea guy and said, "Three cups, please."

The tea cups were small, but the taste of the tea was great.

The number of people on the train started to decrease and decrease.

و سألْت عِماد: "إحْنا هننْزِل في أنْهي محطّة يا عِماد؟"

عِماد قالّي: "المحطّة اللأخيرة، بسّ متنْساش تِكلِّم أهْلك و تِعْرفْهُم."

ردّيْت عليْه و قُلْت: "أنا مِعرّفْهُم. أنا كُنْت كِده كِده مِسافِر، بسّ لِوَحْدي."

عِماد قال: "كُنْت هترْوح فيْن بقى؟"

قُلْتِلُه: "كُنْت هروح على الرّيف."

"خلاص هترْجع معايا البيْت و هخلّيك تِشوف الرّيف كُلُّه."

شكرْتُه و شرِبْنا الشّاي سَوا. لمّا جت المحطّة الأخيرة كان الوَقْت في المغْرِب.

محْمود قال: "دِلْوَقْتي هناخُد الأُتوبيس مِن هِنا لِحدّ الواحة و هنِمْشي مِن الواحة لِحدّ الصّحرا."

سألْتُهُم و أنا مِسْتغْرب: "هتِمْشوا في الصّحرا إزّاي؟ دي واسْعة أوي."

محْمود قال: "فيه هِناك عربيات كِبيرة و فيه جِمال. و عُمّوماً فيه ناس إحْنا هنُقْعُد معاهُم هِناك."

رُحْنا على محطِّةْ الأُتوبيس و إحْنا ماشْيين. محطِّةْ الأُتوبيس مكانِتْش بِعيدة، لكِن كان فيها أُتوبيسات كِتير أوي.

[5:32]

I asked Emad, "Which station are we getting off at, Emad?"

Emad said to me, "The last station, but don't forget to call your family and let them know."

I replied to him and said, "I already told them. I was planning to travel anyway, but on my own."

Emad said, "Where were you planning to go?"

I said to him, "I was going to the countryside."

"Alright then, you'll come home with me and I'll show you all around the countryside."

I thanked him and we drank tea together. When we reached the last station, it was around sunset.

Mahmoud said, "Now we'll take the bus from here to the oasis, and we'll walk from the oasis to the desert."

I asked them, surprised, "How will you walk in the desert? It's huge!"

Mahmoud said, "There are big cars there, and camels too. And anyway, there are people we'll be staying with over there."

We walked to the bus station. The bus station wasn't far, but it had so many buses.

رُحْت لِواحِد و سألْتُه: "لَوْ سمحْت، الأُتوبيس ده رايِح على الواحة؟"

قالّي لأ.

عِماد قال: "اِسْتنّى، اِسْتنّى... أُتوبيسات الواحة في آخِر المحطّة."

قُلْتِلُه: "إنْتو رُحْتوا قبْل كِده وَلّا أيْه؟"

عِماد ردّ: "لأ، بسّ سألْت ناس راحوا، عشان نِعْرف نِروح زيُّهُم."

مِشينا لِلآخِر المحطّة و رِكِبْنا أُتوبيس رايِح لِلواحة. و كان أُتوبيس كِبير، أكْبر مِن الأُتوبيسات اللي في المدينة.

الأُتوبيس كان ماشي بِسُرْعة لِدرجِةْ إنّي كُنْت قاعِد جنْب الشِّبّاك. و كُنْت سامِع صوْت الهَوا. الأُتوبيس وِقِف في تلات محطّات و نِزِلْنا في المحطّة الأخيرة.

المكان كان بايِن إنُّه بِدايِةْ لِلصّحرا لإِنّ مفيش محلّات و مفيش مطاعِم و مفيش بِيوت كِتير. كُلّ اللي مَوْجود الطّريق بسّ و شُوَيِّةْ عربيات.

نِزِلْنا مِن الأُتوبيس و كانِت الدُّنْيا ليْل. و كان فيه عَواميد نور بسّ قُلَيِّلة.

سألْتِهُم: "إحْنا هنْبات فيْن؟ أنا حاسِس إنّي نعْسان."

محْمود قال: "طالما نعْسان هنرْكب العربيات الكِبيرة[1] اللي بِتِمْشي في الصّحرا و نِنام في الطّريق."

[6:58]

I went up to someone and asked him, "Excuse me, is this bus going to the oasis?" He said no.

Emad said, "Wait, wait... the oasis buses are at the end of the station."

I asked him, "Have you guys been there before or what?"

Emad replied, "No, but I asked people who've been, so we'd know how to go like they did."

We walked to the end of the station and got on a bus going to the oasis. It was a big bus, bigger than the ones in the city.

The bus was going so fast that I was sitting by the window and could hear the sound of the wind. The bus stopped at three stations, and we got off at the last one.

The place clearly looked like the edge of the desert because there were no shops, no restaurants, and not many houses. The only things there were the road and a few cars.

We got off the bus and it was nighttime. There were only a few streetlights.

I asked them, "Where are we going to sleep? I'm feeling sleepy."

Mahmoud said, "Since you're sleepy, we'll ride the big cars that go through the desert and sleep along the way."

_____

[1] Here, he means 4x4 Jeeps.

و رُحْنا لِلعربيات. رِكِبْت أوِّل عربية شُفْتها و كان عِماد و محْمود بِيْكلِّموا السّوّاق. بسّ أنا مسْمِعْتِش حاجة لإِنيّ كُنْت نعْسان أوي و نِمْت.

لمّا صِحيت تاني يوْم كُنّا لِسّه في الطّريق، و محْمود و عِماد لِسّه نايْمين.

سألْت السّوّاق: "لِسّه بدْري[1] على ما نِوْصل؟"

السّوّاق قالِّي: "لأ، مِش كِتير، خمسن ساعات بسّ."

قُلْتِلُه: "بسّ الخمس ساعات دي كِتير."

السّوّاق قال: "بسّ مِش كِتير جُوّه الصّحرا، لإِنّ الصّحرا واسْعة أوي."

سألْتُه: "لَوْ هتِمْشي الصّحرا كُلّها بِالعربية، هتاخُد كام يوْم؟"

السّوّاق قال: "مُمْكِن أُسْبوع مثلاً."

كانِت العربية واسْعة مِن جُوّه، و كانِت نضيفة، و فيه أزايِز مايّة و بوصْلة و رادْيو.

السّوّاق سألْني: "تِحِبّ أشغّل الرّادْيو؟"

ردّيْت: "بلاش دِلْوَقْتي عشان عِماد و محْمود نايْمين. لمّا يِصْحوا نِبْقى نِشغّل الرّادْيو."

فِضِلْت أبُصّ على الصّحرا مِن الشِّبّاك. و كان فيه بُحيْرات و حَوالِيْن البُحيْرات دي فيه نخْل و شجر.

[8:37]

So we went to the cars. I got into the first one I saw while Emad and Mahmoud were talking to the driver. But I didn't hear anything because I was so sleepy and I fell asleep.

When I woke up the next day, we were still on the road, and Mahmoud and Emad were still sleeping.

I asked the driver, "Do we still have a long way to go?"

The driver said to me, "No, not too long, just five more hours."

I said to him, "But five hours is a lot."

The driver said, "But it's not much inside the desert, because the desert is really huge."

I asked him, "If you drive through the whole desert, how many days would it take?"

The driver said, "Maybe a week, for example."

The car was spacious inside, and it was clean, and there were water bottles, a compass, and a radio.

The driver asked me, "Do you want me to turn on the radio?"

I replied, "Better not now, since Emad and Mahmoud are sleeping. When they wake up, we can turn on the radio."

I kept looking at the desert from the window. There were lakes, and around those lakes were palm trees and other trees.

_____

[1] lit. *still early*

و كان الطّريق في الصّحرا مُسْتَوي لإن ّكُلّ العربيات بِتِمْشي مِن نفْس الطّريق. لكِن الشّمْس كانِت قَوية و الدُّنْيا حرّ. وِقْفِت العربية جنْب بيْت صُغيرّ مبْني مِن الطّوب. و جنْب البيْت الصُّغيرّ ده فيه واحة.

السّوّاق قال: "يَلّا يا رِجالة، اِصْحوا، وَصلْنا خلاص."

صِحي عِماد و محْمود. و نزِلْنا مِن العربية و شِلْت معاهُم الشُّنط بِتاعِتْهُم. الشّنْطة بِتاعْتي كانِت صُغيرّة و خفيفة. أمّا الشُّنط بِتاعِتْهُم كانِت كِبيرة و تِقيلة. لإِنيّ مكُنْتِش ناوي أروح الصّحرا مِن الأوِّل، فا مخدْتِش حجات كِتير.

نزِلْنا و دخلْنا البيْت الصُّغيرّ.

كان فيه راجِل لابِس جلابية بيْضا و لابِس عِمّة، بسّ شكْلها مُخْتلِف عن عِمِّةْ محْمود اللي مِن الصّعيد. و كان البيْت بسيط، لكِنُّه كان جميل.

محْمود قاليّ: "يا أحْمد سلِّم على الرّاجِل البدَوي المُحْترم ده. البدْو كُلُّهُم ناس مُحْترمين و بِيْساعْدونا."

سلِّمْت عليْه و قُلْتِلُه: "أهْلاً، اِتْشرّفْت بِمعْرِفْتك."

الرّاجِل البدَوي وَطّى راسُه بِشكْل بِيْعبرّ على الاِحْتِرام.

[10:07]

The road in the desert was flat because all the cars follow the same path. But the sun was strong and it was hot. The car stopped next to a small house built of bricks. And next to that small house was an oasis.

The driver said, "Come on, guys, wake up, we've arrived."

Emad and Mahmoud woke up. We got out of the car and I helped them with their bags. My bag was small and light. But their bags were big and heavy because I hadn't planned to go to the desert in the first place, so I didn't bring much stuff.

We got out and went into the small house.

There was a man wearing a white galabiya and a ʿimma, but it looked different from Mahmoud's Upper Egyptian ʿimma. The house was simple, but it was beautiful.

Mahmoud said to me, "Ahmed, greet this respectful Bedouin man. All the Bedouins are good people and they help us."

I greeted him and said, "Hello, nice to meet you."

The Bedouin man bowed his head in a way that showed respect.

بعْد ما سلِّمْت على الرّاجِل البدَوي، كان طول الوَقْت مُبْتسِم. و جابْلِنا تمْر و شاي.

التّمْر كان لذيذ و الشّاي كان أحْلى مِن الشّاي اللي شرِبْناه في القطْر.

الرّاجِل البدَوي قال: "إنْتو هترِتْاحوا هِنا لِحدّ بُكْره. و هنْجيبْلِكو الجِمال و تِدْخُلوا في عُمْق الصّحرا."

عِماد قالُّه: "ليْه كِده طيِّب؟ ما نِجيب الجِمال مِن النّهارْده. إحْنا نمِنْا و اِرْتاحْنا في العربية."

الرّاجِل البدَوي ضِحِك و قال: "خلاص، اللي تِشوفوه. هروح أجيبْلِكو الجِمال مِن دِلْوَقْتي."

راح الرّاجِل البدَوي و فِضِلْت قاعِد معَ عِماد و محْمود. كُنّا كُلِّنا مُتحمِّسين.

بعْد شُوَيّة طِلِعْت لِبرّه و مِشيت ناحْيِةْ البُحيْرة اللي جنْب البيْت الصُّغيرّ.

لمسْت مايِّةْ البُحيْرة و كانِت ساقْعة. و ده خلّاني أسْتغْرِب جِدّاً. إزّاي بُحيْرة في الصّحرا و المايّة بِتاعِتْها ساقْعة؟

لقيْت محْمود واقِف وَرايا و قالّي: "اِشْرب مِنْها. المايّة دي بِتِتْشِرِب و مايّة جميلة."

[11:42]

After I greeted the Bedouin man, he kept smiling the whole time. He brought us dates and tea.

The dates were delicious, and the tea was even better than the tea we had on the train.

The Bedouin man said, "You'll rest here until tomorrow. Then we'll bring you the camels and you'll head deep into the desert."

Emad said to him, "Why wait? Let's bring the camels today. We already slept and rested in the car."

The Bedouin man laughed and said, "Alright, as you wish. I'll go bring you the camels now."

The Bedouin man left, and I stayed sitting with Emad and Mahmoud. We were all excited.

After a while, I went outside and walked toward the lake next to the small house.

I touched the water of the lake and it was cold. That really surprised me. How could a lake in the desert have cold water?

I saw Mahmoud standing behind me and he said, "Drink from it. This water is drinkable and it's great."

شرِبْت مِن البُحيْرة و كانِت الماية ساقْعة و جميلة فِعْلاً.

و فِضِلْت أمْشي حَوالين البُحيْرة و قعدْت تحْت النّخْل في الضِّلّ. و حسّيْت بِالهَوا الجميل. المكان كإنُّه في الجنّة مِش في الصّحرا. و كان المكان هادي و مفيش أيّ صوْت.

فجْأه سِمِعْنا صوْت عِماد و هُوَّ بِيِضْحك و جايّ لينا و هُوَّ راكِب جمل. و وَراه الرّاجِل البدَوي و معاه جملين، واحِد لِيّا أنا و واحِد لِمحْمود.

الجمل كان كِبير. مكُنْتِش عارِف هرْكب عليْه إزّاي... لِحدّ ما الرّاجِل البدَوي خلّى الجمل يِنْزِل لِلأرْض و كان سهْل عليّا إنيّ أطْلع عليْه.

بعْد ما ركِبْت، الجمل قام تاني. كان شُعور جميل إنيّ أكون فوْق جمل بِيِمْشي في الصّحرا. كُنّا بِنِمْشي بِبُطْء في الأوِّل بسّ بعْد كِده بقى الجمل أسْرع.

و إحْنا ماشْيين، لقيْنا صُخور كِبيرة في الصّحرا.

و الرّاجِل البدَوي قال: "حدّ فيكو شاف رمْل إسْوِد قبْل كِده؟"

عِماد قال: "أنا شُفْت رمْل أبْيَض و أصْفر، إنمّا إسْوِد؟ إزّاي دي؟

الرّاجِل البدَوي قال: "بُصّوا كِده!"

[13:05]

I drank from the lake, and the water was indeed cold and wonderful.

I kept walking around the lake and sat under the palm trees in the shade. I felt the lovely breeze. The place felt like paradise, not like the desert. It was peaceful and completely quiet.

Suddenly we heard Emad's voice laughing as he came toward us riding a camel. Behind him was the Bedouin man with two camels, one for me and one for Mahmoud.

The camel was big. I didn't know how I was going to climb on... until the Bedouin man made the camel kneel down, and then it was easy for me to get on.

After I got on, the camel stood up again. It was a beautiful feeling to be riding a camel walking through the desert. At first, we were moving slowly, but then the camel got faster.

As we were riding, we saw large rocks in the desert.

The Bedouin man said, "Has any of you ever seen black sand before?"

Emad said, "I've seen white and yellow sand, but black? How's that possible?"

The Bedouin man said, "Take a look!"

عدّيْنا مِن مكان فيه صُخور كبِيرة و كتِيرة و مشْفْناش اللي وَرا الصُّخور دي. إلّا لمّا عدّيْنا مِنْها. لقيْنا رمْل إسْوِد كتِير و كان فِعْلاً غريب إنيّ أشوف رمْل لوْنُه إسْوِد.

نزِل محْمود مِن على الجمل و حطّ شْوَيِّةْ رمْل إسْوِد في الكيس اللي معاه.

فِضِلْنا ماشْيين بِالجِّمال لِحدّ ما الشّمْس بدأِت في الغُروب. كانِت الشّمْس بِتْغْرُب بِبُطْء. و المنْظر كان جميل و كُنْت مبْسوط.

عِماد قال: "إحْنا هنْبات فيْن النّهارْده؟ على الجِمال وَلّا أيْه؟"

قُلْتِلُه: "و ليْه نبات؟ إنْتَ مِش هتْشوف مكان أجْمل مِن ده."

الرّاجِل البدَوي قال: "الخيَم مَوْجودة قُريّب و هتْناموا فيها." فِضِلْنا ماشْيين بِالجِّمال لِحدّ ما وَصلْنا لِلخِيَم.

الهَوا بدأ يِزيد لِدرجِةْ إنّ الهَوا طيرّ العِمّة بِتاعِةْ محْمود.

محْمود حاوِل يُقف بِالجّمل. بسّ الرّاجِل البدَوي قالُه: "خلّيك ماشي، أنا هجيبْهالك."

و وَصلْنا لِلخيْمة و نزِلْنا مِن على الجمل و نزِلْنا الشُّنط مِن على الجمل، و بدأْنا نِحُطّ الشُّنط في الخيْمة.

[14:39]

We passed through a place with many big rocks, and we didn't see what was behind them until we passed. We found a lot of black sand, and it was really strange to see sand that was black.

Mahmoud got off his camel and put some of the black sand into the bag he had.

We kept riding the camels until the sun started to set. The sun was setting slowly. The view was beautiful, and I was happy.

Emad said, "Where are we sleeping tonight? On the camels or what?"

I said to him, "Why sleep? You won't find a place more beautiful than this."

The Bedouin man said, "The tents are nearby, and you'll sleep in them." We kept riding the camels until we reached the tents.

The wind started picking up so much that it blew off Mahmoud's 'imma.

Mahmoud tried to stop the camel, but the Bedouin man said to him, "Keep going, I'll get it for you."

We reached the tent, got off the camels, unloaded the bags, and started putting the bags inside the tent.

و وَلّعْنا في الخشب عشان يِعْمِل نار و نِشوف في الضّلْمة. و بعْد ما وَلّعْنا النّار، قعدْنا حَواليْها عشان نِتْدفّى.

عِماد قال: "معْرفْش الهَوا شِديد أوي كِده ليْه."

الرّاجِل البدَوي ردّ: "مِش أوِّل مرّة يِكون الهَوا شِديد كِده. قبْل كِده طيرّ خيْمة كامْلة."

قُلْتِلُه و أنا بضْحك: "إنْتَ كِده بِتِبْسِطْنا يَعْني؟"

الرّاجِل البدَوي قال: "لأ، متْخافْش. معانا خيْمة اِحْتِياطية."

الهَوا زاد أكْتر و بقى شِديد أوي، و طفّى النّار اللي كُنّا عامْلينْها.

الرّاجِل البدَوي قال: "اِدْخُلوا كُلُّكو لِلخيْمة يَلّا."

دخلوا الخيْمة، و لمّا جيْت أدْخُل شُفْت الجِمال و هُمّا مِخبِّيين وِشُّهُم مِن الهَوا الشِّديد. و كان نِفْسي أدخّلْهُم الخيْمة، بسّ الخيْمة كانِت صُغيرّة.

دخلْنا الخيْمة، و الهَوا اِشْتدّ أكْتر و كانِت الخيْمة هتِتْكسّر مِن قَوِّةْ الهَوا. و بعْد شُوَيّة، اِتْكسر أوِّل عمود لِلخيْمة. و أوِّل ما اِتْكسر العمود ده، كان عِبارة عن نُصّيْن و بيْنْهُم قُماش.

[16:14]

We lit a fire with wood so we could see in the dark. After we lit the fire, we sat around it to stay warm.

Emad said, "I don't know why the wind is so strong."

The Bedouin man replied, "It's not the first time the wind's been this strong. Once before, it blew away a whole tent."

I said to him, laughing, "Are you trying to cheer us up or what?"

The Bedouin man said, "No, don't worry. We've got a backup tent."

The wind got even stronger and blew out the fire we had made.

The Bedouin man said, "Everyone, get inside the tent, come on!"

They went into the tent, and when I was about to enter, I saw the camels hiding their faces from the strong wind. I wanted to bring them into the tent, but the tent was too small.

We got inside the tent, and the wind got even stronger, and the tent almost broke from the force of the wind. After a while, the first tent pole broke. It snapped in two, with fabric hanging between the pieces.

و جهْ في بالي فِكْرة. قُلت لِمحْمود و الرّاجِل البدَوي: "العِمّة اللي إنْتو لابْسينْها دي قُماش، صحّ؟"

الرّاجِل البدَوي قال: "أَيْوَه، قُماش."

قُلْتِلْهُم: "اِقْلعوهُم و اِفْردوهُم قُصاد بعْض عشان يِقلِّل الهَوا اللي جايّ على الخيْمة."

الرّاجِل البدَوي قال: "بسّ القُماش الصُّغيرّ ده ضعيف و الهَوا شِديد."

محْمود قال: "طيِّب مُمْكِن نِجيب قُماش الخيْمة الاِحْتِياطية؟"

الرّاجِل البدَوي قال: "بسّ كِده الخيْمة التّانْيَة هتبْوظ."

عِماد قال: "خلاص... اِفْتحوا الخيْمة الاِحْتِياطية و نِسْتخْدِم قُماش الخيْمة اللي إحْنا فيها. كِده كِده بدأِت تِبوظ."

بدأْنا نِفْرد الخيْمة قُدّام الخيْمة الاِحْتِياطية و نِفْتح دَوايِر في القُماش عشان يِقلِّل الهَوا اللي داخِل.

و فِعْلاً، الهَوا اللي داخِل لِلخيْمة الاِحْتِياطية هِدي، و قعدْنا مِسْتنِّيين إنّ الهَوا يُقف خالِص.

محْمود قال: "الهَوا كان شِديد أوي النّهارْده."

An idea came to me. I said to Mahmoud and the Bedouin man, "The 'immas you're wearing are made of fabric, right?"

The Bedouin man said, "Yes, fabric."

I said to them, "Take them off and stretch them out facing each other to block some of the wind hitting the tent."

The Bedouin man said, "But that small piece of fabric is weak, and the wind is strong."

Mahmoud said, "Well, maybe we can use the fabric from the backup tent?"

The Bedouin man said, "But then the other tent will be ruined."

Emad said, "Alright... open the backup tent and let's use the fabric from this tent. It's already starting to fall apart anyway."

We started spreading the tent fabric in front of the backup tent and cut holes into it to reduce the wind entering.

And it actually worked—the wind going into the backup tent calmed down, and we sat waiting for the wind to stop completely.

Mahmoud said, "The wind was really strong today."

عِماد قال: "يا ريْت كانِت العربية قُريّبة مِن هِنا كُنّا هنِدْخُلْها على طول."

نِمْنا كُلِّنا مِن التّعْب. و صِحينا تاني يوْم مِن الشّمْس.

صِحيت مِن النّوم، لقيْت الرّاجِل البدَوي صاحي و بِيْأكِّل الجِمال.

قُلت لِمحْمود: "كُوَيِّس إنّ الهَوا مطيّرْش الشُّنط بِتاعِتْنا."

محْمود ردّ: "أَيْوَه الشُّنط كانِت تِقيلة و اِسْتحْملِت الهَوا."

و فجْأه اِفْتكرْت الشّنْطة بِتاعْتي. لإِنّها كانِت خفيفة مِش تِقيلة. قُلت: "شنْطِتي! فيْن الشّنْطة بِتاعْتي؟" و قُمْت أدوّر على الشّنْطة في كُلّ مكان، لكِن ملْقيْتْهاش.

رُحْت و قُلْت للراجِل البدَوي: "شنْطِتي غالِباً كِده... طارِت. هنِعْرف نِجيبْها وَلّا أيْه؟"

الرّاجِل البدَوي قالّي: "متِقْلقْش، كُلّ حاجة مُمْكِنة في الصّحرا."

أنا مصدّقْتوش بِصراحة. إزّاي هنْلاقي الشّنْطة اللي طارِت بِسبب الهَوا مِن إمْبارِح؟

كلْت معَ محْمود و عِماد.

و الرّاجِل البدَوي قال: "يَلّا نِركب الجِمال عشان رِحْلِتْنا النّهارْده إنِّنا نِلاقي شنْطِةْ أحْمد!"

[19:01]

Emad said, "I wish the car had been closer. We would've gotten in it right away."

We all fell asleep from exhaustion. We woke up the next day from the sun.

I woke up and found the Bedouin man already up, feeding the camels.

I said to Mahmoud, "Good thing the wind didn't blow away our bags."

Mahmoud replied, "Yeah, the bags were heavy and held up against the wind."

And suddenly I remembered my bag—because it was light, not heavy. I said, "My bag! Where's my bag?" and I started looking for it everywhere, but I couldn't find it.

I went and said to the Bedouin man, "My bag probably… flew off. Do you think we'll be able to find it or what?"

The Bedouin man said to me, "Don't worry, anything's possible in the desert."

Honestly, I didn't believe him. How were we going to find a bag that flew away because of the wind yesterday?

I ate with Mahmoud and Emad.

The Bedouin man said, "Let's ride the camels because today's mission is to find Ahmed's bag!"

سألْتُه: "و هتِعْرف إزّاي هِيَّ راحِت فينْ؟ أَوْ حتّى الاتِّجاهْ بِتاعْها!"

الرّاجِل البدَوي نِزِل لِلأرْض و مِسِك الرّمْل و قال: "بِده[1]!"

رِكِبْنا الجِمال و مِشينْا وَراه. و كان بِيْشوف الرّمْل رايِح لِأنْهي ناحْيَة. الرّمْل لِفوْق وَلّا لِتحْت وَلّا اليمين وَلّا الشِّمال.

فِضِلْنا راكْبين على الجِمال كِتير لِحدّ ما أثر الشّنْطة بان على الرّمْل. و إنّ الشّنْطة كانِت بِتِتْحرّك مِن المكان ده.

فرِحْت جِدّاً لكِن برْضُه كُنْت شاكِك إنّي هلاقي شنْطِتي.

شُفْنا خيْمة مِن بِعيد. عِماد قال: "أكيد الشّنْطة وِصْلِت لِهِنا و هُمّا خدوها."

الرّاجِل البدَوي ردّ: "لَوْ جت هِنا، هَيِدّوهالْنا على طول. متِقْلقْش."

جيْت أدْخُل الخيْمة، الرّاجِل البدَوي قالّي: "اِسْتنّى متِدْخُلْش." و فِضِلْنا مِسْتنِّيين برّه الخيْمة.

محْمود قال: "هنِسْتنّى كِده كِتير وَلّا أيْه؟"

الرّاجِل البدَوي قال: "لأ، متِقْلقْش."

بعْدها على طول، راجِل طِلِع مِن الخيْمة و قال: "إنْتو جايّين عشان الشّنْطة، صحّ؟"

[20:30]

I asked him, "And how will you know where it went? Or even which direction it flew?"

The Bedouin man got down to the ground, grabbed some sand, and said, "With this!"

We rode the camels and followed him. He was checking the sand to see which way it was going—up, down, to the right, or left.

We kept riding the camels for a long time until we saw traces of the bag in the sand. The bag had moved through that area.

I was really happy, but I still had doubts that I'd find my bag.

We saw a tent in the distance. Emad said, "The bag definitely made it here, and they must've taken it."

The Bedouin man replied, "If it came here, they'll give it to us right away. Don't worry."

As I was about to enter the tent, the Bedouin man said to me, "Wait, don't go in." So we waited outside the tent.

Mahmoud said, "Are we going to wait like this for long or what?"

The Bedouin man said, "No, don't worry."

Shortly after, a man came out of the tent and said, "You're here for the bag, right?"

---

[1] بِـ by (a means of) answers the question إزّاي؟. بِده by this, using this (as he picks up a handful of sand).

قُلْتِلُه: "أَيْوَه."

قال: "بسّ لازِم تِدْخُلوا تُقْعُدوا معانا في الخيْمة الأوِّل."

دخلْنا الخيْمة و جابولْنا كعْك و بسْكوت. كُنْت فاكِر إنُّهُم بدْو، لكِن طِلْعوا في رِحْلة زيِّنا. كان راجِل كِبير و مِراتُه و بِنْتُهُم.

قُلْتِلْهُم: "إنْتو إزّاي الخيْمة بِتاعِتْكو متْكسّرِتْش مِن الهَوا الشِّديد اللي كان مَوْجود إمْبارِح."

قالّي: "لأ، إحْنا لِسّه جايّين النّهارْده."

عِماد قال: "ياه، إنْتو محْظوظين. إمْبارِح الهَوا كان شِديد لِدرجِةْ إنّ الخيْمة اِتْكسّرِت."

الرّاجِل البدَوي قال: "مين وَصّلْكُم لِهِنا؟ جيْتوا لِوَحْدُكو؟"

الرّاجِل الكِبير اللي كُنّا قاعْدين معاه قال: "لأ، كان معانا راجِل بدَوي بسّ راح يِجيب أكْل و مايّة و هَيرْجّعْلِنا تاني."

سألْتُهُم: "يَعْني مكلْتوش مِن إمْبارِح؟"

الرّاجِل قال: "لأ، كلْنا، بسّ عشان الأيّام الجايّة يَعْني."

عِماد قال: "أنا شايِف إنِّنا نِحُطّ خيْمِتْنا جنْبُكو و نِكمِّل الرِّحْلة سَوا. أيْه رأْيُكو؟"

I said to him, "Yes."

He said, "But first, you have to come inside and sit with us in the tent."

We entered the tent, and they brought us cookies and biscuits. I thought they were Bedouins, but it turned out they were on a trip just like us. It was an older man, his wife, and their daughter.

I asked them, "How come your tent didn't get destroyed by the strong wind yesterday?"

He said to me, "Oh, we just arrived today."

Emad said, "Wow, you're lucky. Yesterday the wind was so strong that our tent broke."

The Bedouin man said, "Who brought you here? Did you come on your own?"

The older man we were sitting with said, "No, there was a Bedouin man with us, but he went to get food and water and will be back soon."

I asked them, "So you haven't eaten since yesterday?"

The man said, "No, we ate, but it's just for the coming days, you know."

Emad said, "I think we should set up our tent next to yours and continue the trip together. What do you think?"

الرّاجِل قال: "مفيش مُشْكِلة، و أهو نِسلّي بعْض."

بعد كِده اِلْتفت لِبِنْتُه و قال: "هاتي الشّنْطة بِتاعِتْهُم يا حبيبة."

بِنْت الرّاجِل جابِتْلي الشّنْطة بِتاعْتي و شكرْتها. كانِت بِنْت جميلة و إسْمها كمان كان جميل. و مِن أوِّل ما إدِّتْني الشّنْطة، فِضِلْت باصِص ليها.

حتّى لمّا رِجِعْت و قعدْت جنْب مامِتْها، فِضِلْنا نِبُصّ لِبعْض. لِحدّ ما محْمود قال: "نِسْتأْذِن إحْنا بقى يا جماعة. تِقِلْنا عليْكو معْلِشّ. و شُكْراً على إنُّكو حافِظْتوا على شنْطِةْ أحْمد."

الرّاجِل قال: "لا شُكْر على واجِب."

مكُنْتِش عايِز أقوم، لكِن قُمْت و رُحْت الخيْمة بِتاعِتْنا. و فِضِلْت أبُصّ لِبرّه الخيْمة مِسْتنّي حبيبة تِطْلع. لكِنّها مطْلِعْتِش باقي اليوْم.

قُلْت لِمحْمود و عِماد: "بقولّكو أيْه... فيه حاجة إسْمها الحُبّ مِن أوِّل نظْرة؟"

عِماد فِضِل يِضْحك و قال: "أَيْوَه أَيْوَه، فيه... بسّ في الأفْلام!"

محْمود قال: "طبْعاً قصْدك على البِنْت اللي شُفْتها إمْبارِح خمس دقايِق."

قُلْتِلْهُم: "يا جماعة، واللّهِ كانوا كإنُّهُم خمس ساعات، و بعْديْن هِيَّ كمان كانِت بِتْبُصِّلي."

[23:28]

The man said, "No problem, it'll be fun to keep each other company."

Then he turned to his daughter and said, "Habiba, bring them their bag, dear."

The man's daughter brought me my bag, and I thanked her. She was a beautiful girl, and her name was beautiful too. And from the moment she gave me the bag, I kept looking at her.

Even after she went back and sat next to her mother, we kept looking at each other, until Mahmoud said, "We'll take our leave now, everyone. Sorry if we imposed. And thanks for taking care of Ahmed's bag."

The man said, "No thanks necessary. It was our duty."

I didn't want to leave, but I got up and went to our tent. I kept looking outside the tent, waiting for Habiba to come out. But she didn't come out for the rest of the day.

I said to Mahmoud and Emad, "Hey… do you think there's such a thing as love at first sight?"

Emad kept laughing and said, "Yeah, yeah, there is… but in the movies!"

Mahmoud said, "You're obviously talking about the girl you saw yesterday for five minutes."

I said to them, "Guys, I swear, it felt like five hours. And besides, she was looking at me too."

عِماد قال: "مِش معْنى إنّها بِتْبُصِّلك يَعْني بِتْحِبّك يا أحْمد."

قُلْتِلْهُمْ: "خلاص خلاص... إنْتو أحْبطْتوني."

محْمود ردّ: "مِش بِنِحْبِطك، بسّ دي الحقيقة."

قُمْت بعْدها و كُنْت تعْبان جِدّاً و عايِز أنام. لمّا جيْت أجيب المخدّة عشان أنام، لمحْت حدّ طِلِع برّه الخيْمة اللي قُدّامْنا.

طِلِعْت بِسُرْعة لِبرّه و لقيْت إنّها حبيبة. طِلِعْت و وِقِفْت جنْبها.

و بعْديْن قُلْت: "إنْتي أيْه ما طلّعِك دِلْوَقْتي؟"

قالِت: "بحِبّ أشوف الغُروب أوي."

قُلْتِلْها: "و أنا كمان، بحِبّ أشوف الغُروب."

و قعدْنا بعْدها على الرّمْل. و بصّيْتِلْها و هِيَّ باصّة على الشّمْس و حسّيْت كإنّ عيْنيْها بِتِخْطفْني، بسّ بصّيْت على الشّمْس بعْدها عشان متْحِسِّش إنّي ببُصِّلْها كتِير.

و بعْديْن سألْتها: "إنْتي بِتْحِبّي السّفر؟"

قالِتْلي: "أَيْوَه بحِبُّه أوي."

قُلْتِلْها: "إنْتي مِنيْن أساساً؟"

[25:08]

Emad said, "Just because she looked at you doesn't mean she loves you, Ahmed."

I said to them, "Alright, alright... you've discouraged me."

Mahmoud replied, "We're not trying to discourage you, we're just being real."

After that, I got up—I was really tired and just wanted to sleep. When I went to grab my pillow, I caught a glimpse of someone stepping out of the tent in front of us.

I rushed outside and saw that it was Habiba. I stepped out and stood next to her.

Then I asked, "What made you come out just now?"

She said, "I love watching the sunset."

I told her, "Me too, I love watching the sunset."

Then we sat on the sand. I looked at her while she was looking at the sun, and I felt like her eyes were pulling me in, but I looked at the sun afterward so she wouldn't feel like I was staring too much.

Then I asked her, "Do you like traveling?"

She said to me, "Yes, I love it a lot."

I asked her, "Where are you originally from?"

ردِّت: "مِن القاهِرة."

قُلْتِلْها: "و أنا كمان... دي صُدْفة جميلة أوي."

قالِتْلي: "شُكْراً، بسّ أنا هدْخُل دِلْوَقْتي الخيْمة."

حسّيْت إنّي ضايِقْتها و كلِّمْتها غصْب عنْها. فا سألْتها: "هُوَّ أنا ضايِقْتِك إنّي جيْت أكلِّمِك؟"

قالِتْلي: "لأ، بسّ عشان الوَقْت اِتْأخّر و بقى ضلْمة."

دخلِت الخيْمة بِتاعِتْها و فِضِلْت أنا برّه شُوَيّة. و جِهْ مِن وَرايا محْمود و قعد معايا.

محْمود قال: "متِقْلقْش. عشان أوِّل مرّة تِتْقابْلوا و تِتْكلِّموا بسّ. مُمْكِن تِكون مكْسوفة."

قُلْتِلُه: "هدْخُل أنام و صحّيني لمّا تِجهِّزوا الأكْل."

و دخلْت و نمْت و أنا بفكّر هكلِّمْها إزّاي.

محْمود صحّاني. "أحْمد! أحْمد! يَلّا الأكْل جاهِز!"

طِلِعْت بِسُرْعة ليهُم. لقيْتْهُم بيِشْووا و حبيبة قاعْدة معَ أهْلها و الرّاجِل البدَوي و عِماد. رُحْت بِسُرْعة و قعدْت قُدّام حبيبة.

أبو حبيبة قال: "قول السّلام عليْكو حتّى يا أحْمد."

[26:32]

She replied, "From Cairo."

I said to her, "Me too... what a lovely coincidence."

She said to me, "Thanks, but I'm going to head into the tent now."

I felt like I had bothered her and talked to her against her will, so I asked, "Did I annoy you by coming to talk to you?"

She said to me, "No, but it's just getting late and dark."

She went into her tent, and I stayed outside a bit. Then Mahmoud came from behind and sat with me.

Mahmoud said, "Don't worry. It's just the first time you've met and talked. She might just be shy."

I told him, "I'm going to sleep. Wake me up when the food's ready."

I went in and slept, thinking about how I'd talk to her.

Mahmoud woke me up. "Ahmed! Ahmed! Come on, the food's ready!"

I rushed out to them. I found them grilling, and Habiba was sitting with her family, the Bedouin man, and Emad. I quickly went and sat across from Habiba.

Habiba's father said, "At least say 'peace be upon you,' Ahmed."

قُلْتِلُه: "آسِف واللّهِ يا عمّي. لِسّه صاحي و مِش مِركِّز."

فِضِلْنا قاعْدين و بِنِتْكلِّم لِحدّ ما قام الرّاجِل البدَوي و أبو حبيبة و عِماد و متْبقاش غيْري أنا و محْمود و حبيبة.

قُلت لِمحْمود: "ما ترْوح تِكلِّم عِماد وَلّا تِعْمِلوا أيّ حاجة سَوا." حبيبة ضِحْكِت.

محْمود قال: "لأ يا عمّ، أنا هفْضل قاعِد هِنا."

قُلْتِلُه: "خلاص، بِراحْتك."

و قُمْت و جِبْت الكاميرا بِتاعْتي مِن الشّنْطة الصُّغيّرة. و بدأْت أصوّر النّار و النُّجوم.

حبيبة سألِتْني: "أيْه ده؟ إنْتَ بِتْصوّر؟"

ردّيْت: "أَيْوَه، بِتْحِبّي التّصْوير وَلّا أيْه؟"

حبيبة قالِت: "أَيْوَه بحِبُّه أوي أوي."

قُلْتِلْها: "خلاص تعالي بقى أصوّرِك."

و بدأْت أصوّرْها، و كُلّ ما تِضْحك أَوْ تِبْتِسِم، أحِبّها أكْتر. و نِزِلْت الكاميرا مِن على عيْني و فِضِلْت باصِصْلها.

قالِتْلي: "أيْه؟ ما تْكمِّل تصْوير!"

[27:54]

I said to him, "Sorry, uncle. I just woke up and I'm still out of it."

We sat and talked until the Bedouin man, Habiba's father, and Emad got up, and it was just me, Mahmoud, and Habiba left.

I told Mahmoud, "Why don't you go talk to Emad or do something with him?" Habiba laughed.

Mahmoud said, "No way, man. I'm staying right here."

I said to him, "Alright, suit yourself."

Then I got up and grabbed my camera from the small bag. I started taking pictures of the fire and the stars.

Habiba asked me, "What's that? Are you taking pictures?"

I replied, "Yeah, do you like photography or what?"

Habiba said, "Yes, I love it so much!"

I said to her, "Alright then, come on, let me take your picture."

I started taking photos of her, and every time she laughed or smiled, I liked her even more. Then I lowered the camera from my eyes and just kept looking at her.

She said to me, "What? Keep taking pictures!"

قُلْتِلْها: "إنْتي جميلة أوي، و بحِبّ أبُصِّلك." حبيبة اِتْكسفِت و مردِّتْش.

كمِّلْت و قُلْت: "على فِكْرة، أنا مُمْكِن أكلِّم باباكي عشان نِتْخِطِب و نِتْعرّف على بعْض أكْتر في وَقْت الخُطوبة عشان تِتْطمِّني إنّ أنا إنْسان كُوَيِّس."

حبيبة قالِت: "أنا حاسّة إنّك إنسان كُوَيِّس مِن غيرْ حاجة بسّ أنا بتْكِسِف." و كمِّلِت و قالِت: "أنا هدْخُل دِلْوَقْتي بقى. أشوفك بُكْره."

فِضِلْت واقِف و باصِصْلها لِحدّ ما دخلِت الخيْمة بِتاعِتْها.

رُحْت و دخلْت الخيْمة بِتاعِتْنا و قُلْت لِصْحابي عِماد و محْمود: "بقولُّكو أيْه بقى، أنا مِش هسيبْها تِضيع مِنّي أبداً. أعْمِل أيْه؟ قُدّامْنا أيّام قُلَيِّلة و هنِمْشي مِن هِنا و مِش هشوفْها تاني."

عِماد قال: "اِقْبل الحقيقة و خلاص بقى."

قُمْت و قُلْت: "لأ، مِش هقْبل الحقيقة و هغيرّ الحقيقة كمان!"

محْمود قال: "إزّاي بقى؟ هتِتْقدِّمْلها يَعْني؟"

قُلت: "أَيْوَه، هتْقدِّمْلها."

محْمود قعد يِضْحك، و بعْدها قال: "ماشي يا عمّ أحْمد، ماشي."

[29:18]

I said to her, "You're really beautiful, and I love looking at you." Habiba blushed and didn't reply.

I continued, "By the way, I could speak to your father about getting engaged so we can get to know each other more during the engagement, and you'll see that I'm a good guy."

Habiba said, "I already feel like you're a good person, but I'm just shy." Then she added, "I'm going into the tent now. See you tomorrow."

I stood there watching her until she entered her tent.

I went into our tent and said to my friends Emad and Mahmoud, "Listen guys, I'm not letting her slip away. What should I do? We only have a few days left before we leave and I won't see her again."

Emad said, "Accept reality and move on."

I stood up and said, "No, I won't accept reality—I'll change it!"

Mahmoud said, "How? Are you going to propose or something?"

I said, "Yes, I'm going to propose."

Mahmoud started laughing, then said, "Alright, alright, Ahmed."

كان فاكِر إنّي بهزّر، بسّ مكُنْتِش بهزّر. و كُنْت حاسِس إنّ حبيبة هِيَّ البِنْت اللي عايِز أعيش معاها.

و كُنْت ببُصّ لِخيْمِتْهُم لمّا تِكون مفْتوحة و ألاقيها معَ مامِتْها، بتْمنّي تِكون بِتْكلِّمْها عنّي.

و كُلّ ما تِعدّي الأيّام حُبّي لِحبيبة بِيْزيد، لِدرجِةْ إنّي حسّيْت إنّ مَيِنْفعْش حبيبة متْكونْش في حَياتي.

كُنْت بطْلع و أتْمشّي لِوَحْدي و كان كُل تفْكيري في حبيبة، بدل ما يِكون كُلّ تفْكيري في الصّحرا و جمالْها... لِحدّ ما جِهْ يوْم، قرّرْت إنّ خلاص لازِم أخلّي حبيبة معايا. و في آخِر يوْم لينا في الصّحرا، بعْد الغدا على طول قرّرْت أقول لِأبو حبيبة على المَوْضوع.

أبو حبيبة قال: "اِتْبسطْت و اِتْشرّفْت بيكو يا رِجالة. و يا ريْتْكو ما كُنْتوا ماشْيين."

أنا قُلْت: "معْلِشّ يا عمّي، فيه حاجة أهمّ مِن كِده."

أبو حبيبة قال: "أيْه هِيَّ؟"

قُلْتِلُه: "أنا عايِز أتْقدِّم لِبِنْتك حبيبة و أخْطُبْها."

[30:50]

He thought I was joking, but I wasn't. I felt like Habiba was the girl I wanted to spend my life with.

I used to watch their tent whenever it was open and saw her with her mom, hoping she was talking about me.

And with each passing day, my love for Habiba grew stronger, to the point that I felt like she had to be part of my life.

I used to go out walking alone, and all I could think about was Habiba, instead of thinking about the desert and its beauty... until one day, I decided I had to make sure Habiba stayed with me. On our last day in the desert, right after lunch, I decided to speak to Habiba's father about it.

Habiba's father said, "It's been a pleasure and an honor having you here, guys. I wish you weren't leaving."

I said, "Excuse me, uncle, but there's something more important than that."

Habiba's father said, "What is it?"

I told him, "I want to propose to your daughter Habiba and ask for her hand in marriage."

حبيبة اِبْتسمِت و مِسْكِت في إيد مامِتْها جامِد. حسّيْت إنّها مبْسوطة فا اِتْبسطْت أكْتر.

أبو حبيبة قال: "أَيْوَه يابْني بسّ إنْتو لِسّه شايْفين بعْض مِن كام يوْم."

ردّيْت: "كان نِفْسي نِفْضل وَقْت أطْوَل بسّ مِش عايِزْها تِضيع مِنّي لمّا نمْشي."

أبو حبيبة: "ماشي بسّ الأوِّل ناخُد رأْي حبيبة."

حبيبة اِبْتسمِت و شاوْرِت بِراسْها لتحْت، يَعْني إنّها مُوافْقة.

أبو حبيبة قال: "على برَكِةْ اللّه. يَلّا نِقْرا الفاتْحة[1]." قرينْا الفاتْحة و بعْديْن عِماد قام و فِضِل يِغنّي و إحْنا نِصقّف و مامِةْ حبيبة زغْرطِت[2].

قُمْت و خدْت حبيبة مِن إيديْها و بِعِدْنا سَوا.

بصّيْتْلها و قُلْت: "أنا محْظوظ إنّي طِلِعْت الرِّحْلة دي. و دي أجْمل صُدْفة في حَياتي."

حبيبة قالِت: "أنا كمان مكُنْتِش جايّة الرِّحْلة دي، و على فِكْرة أنا حبّيْتك مِن أوِّل نظْرة، بسّ كُنْت مكْسوفة أقول، و آسْفة لَوْ عامِلْتك وِحِش في الأوِّل." و بُسْت إيديْها.

[32:15]

Habiba smiled and held her mother's hand tightly. I felt she was happy, so I became even happier.

Her father said, "Okay, son, but you've only known each other for a few days."

I replied, "I wish we had more time, but I don't want to lose her when we leave."

Habiba's father said, "Alright, but first we need to ask for Habiba's opinion."

Habiba smiled and nodded her head down, meaning she agreed.

Her father said, "With God's blessing, let's recite the Fatiha." We recited the Fatiha, then Emad got up and started singing, and we clapped while Habiba's mother gave a zaghrouda.

I stood up and took Habiba by the hand, and we walked away together.

I looked at her and said, "I'm lucky I went on this trip. This is the best coincidence of my life."

Habiba said, "I wasn't even supposed to come on this trip either. And honestly, I loved you from the first sight, but I was too shy to say it. I'm sorry if I treated you badly at first." I kissed her hands.

---

[1] It is customary to read the first sura (chapter) of the Quran, Al-Fatihah, at an engagement ceremony.

[2] زغْرَط to ululate (howl with trilling of the tongue back and forth, commonly performed by Egyptian women at weddings and celebrations)

و بعْديْن رجِعْنا لأِبو حبيبة و قُلْتِلُه: "النّهارْده يوْم أيْه يا عمّي؟"

قالّي: "النّهارْده السّبْت."

قُلْتِلُه خلاص: "الحدّ يوْم الحِنّة، و الاِتْنين كتْب الكِتاب،. و التّلات الفرْح."

ضِحِك أبو حبيبة و كُلِّنا فِضِلْنا نِضْحك. و كانِت دي هِيَّ أجْمل سفرية في حَياتي. و بعْد ما مِشينا مِن الصّحرا، مرُحْتِش لِلقرْيَة و الرّيف زيّ ما كُنْت عايِز... رُحْت لِحبيبة. و مِن غيْر رُجوع.

[33:39]

Then we went back to her father and I asked him, "Uncle, what day is it today?"

He said, "Today is Saturday."

I said, "Sunday is the henna party, Monday is the marriage contract, and Tuesday is the wedding!"

Habiba's father laughed, and we all kept laughing. It was the most beautiful trip of my life. And after we left the desert, I didn't go to the village and countryside like I had planned... I went to Habiba. And I never looked back.

Arabic Text without Tashkeel

For a more authentic reading challenge, read the story without the aid of diacritics (tashkeel) and the parallel English translation.

أهلا بيكو، أنا أحمد. بحب السفر و بحب أقابل ناس مختلفة. و لإني بسافر كتير بين المحافظات، القطر أحسن طريقة ليا عشان أسافر لإنه سريع و رخيص كمان.

في يوم الخميس القطر بيكون زحمة أوي. كل الكراسي بتكون مليانة و كمان فيه ناس كتير بتفضل واقفة بين الكراسي.

القطر بيكون عبارة عن أربع كراسي في اليمين و أربع كراسي في الشمال، على شكل مربعات.

أول ما ركبت القطر، وقفت جنب أربع رجالة قاعدين و بيتكلموا.

كنت باصص على الساعه بتاعتي و مستني الوقت يخلص عشان أنزل من القطر، لحد ما واحد من اللي قاعدين قالي: "يا أستاذ. أنا هنزل. تحب تقعد؟"

قلتله: "أكيد! شكرا جدا."

قام الراجل من على الكرسي، و قعدت مكانه، و كنت مبسوط جدا لإني قعدت في كرسي فاضي.

التلاتة اللي قاعدين معايا شكلهم كده صحاب. بس أنا معرفهمش و هما كمان ميعرفونيش.

لقيت واحد فيهم لابس حاجة على راسه بيقولوا عليها (عمه). كنت بشوف العمة دي في المسلسلات و الأفلام، بس دي أول مرة أشوفها في الحقيقة.

سألته: "هو إنت من الصعيد؟"

قالي: "أيوه يا أستاذ."

استغربت من إنه من الصعيد و موجود في القاهرة، فا قلتله: "إنت جيت هنا مشوار ولا أيه؟"

قالي: "لأ، أنا بسافر مع صحابي و بنروح أماكن جديدة في مصر."

قلتله: "بجد؟ أنا كمان بحب السفر و على طول بسافر. حد فيكو قبل كده راح القرية في الريف؟"

واحد من اللي قاعدين قال: "أيوه، أنا أساسا من الريف، و كل سنة بنروح مكان مختلف."

سألته: "أمال السنة دي رايحين فين بقى؟"

رد عليا و قالي: "هنروح الصحرا."

استغربت من إنهم عايزين يروحوا الصحرا و سألته: "بس الصحرا فاضية. تروح تعمل أيه في الصحرا؟"

رد عليا و قال: "مين قالك إنها فاضية؟ لازم تشوف كل حاجة بنفسك."

اقتنعت بكلامه، و سألت الراجل التالت اللي قاعد معاهم: "إنت هتروح معاهم الصحرا؟"

رد و قالي: "لأ، أنا تعبت من آخر سفر فا هرتاح في البيت."

قلت للصعيدي: "طيب ممكن آجي معاكو في الرحلة دي؟ أنا سافرت كتير قبل كده و عايز أكمل معاكو."

الصعيدي رد: "مفيش مشكلة، بس إنت أيه رأيك الأول يا عماد؟" عماد كان الولد اللي من القرية.

عماد رد و قاله: "أنا معنديش مانع."

كنت مبسوط جدا إني هسافر معاهم، و سألت الصعيدي: "إنت إسمك أيه؟"

قالي: "إسمي محمود."

قلتله: "و أنا أحمد. اتشرفت بيك."

و محمود قال: "الشرف ليا."

نزل صاحبهم التالت من القطر في المحطة اللي بعدها.

كان الكرسي بتاعي جنب الشباك، فا عرفت أتفرج براحتي على الشوارع و الأراضي الزراعية الواسعة و لونها الأخضر الجميل.

سألت محمود: "أيه اللي حصل لصاحبكو؟ ليه مش هييجي معاكو الصحرا؟"

رد محمود و قال: "بيتعب من السفر الكتير. و إحنا كل يوم بنسافر. اوعى تتعب إنت كمان!"

قلتله لأ لأ، أنا مبتعبش من السفر خالص. أنا سافرت كتير و مبتعبش خلاص.

عماد ضحك و قال: "هنشوف، هنشوف!"

عدى واحد في القطر و فضل يقول: "شاي! شاي! شاي!"

سألتهم: "حد فيكو يحب يشرب شاي؟ أصل أنا بحبه أوي."

محمود قال: "كلنا بنحب الشاي!"

محمود نادى على بتاع الشاي و قاله: "تلات كوبايات لو سمحت."

كوبايات الشاي كانت صغيرة، بس طعم الشاي كان حلو.

بدأ عدد الناس في القطر يقل و يقل.

و سألت عماد: "إحنا هننزل في أنهي محطة يا عماد؟"

عماد قالي: "المحطة اللأخيرة، بس متنساش تكلم أهلك و تعرفهم."

رديت عليه و قلت: "أنا معرفهم. أنا كنت كده كده مسافر، بس لوحدي."

عماد قال: "كنت هتروح فين بقى؟"

قلتله: "كنت هروح على الريف."

"خلاص هترجع معايا البيت و هخليك تشوف الريف كله."

شكرته و شربنا الشاي سوا. لما جت المحطة الأخيرة كان الوقت في المغرب.

محمود قال: "دلوقتي هناخد الأتوبيس من هنا لحد الواحة و هنمشي من الواحة لحد الصحرا."

سألتهم و أنا مستغرب: "هتمشوا في الصحرا إزاي؟ دي واسعة أوي."

محمود قال: "فيه هناك عربيات كبيرة و فيه جمال. و عموما فيه ناس إحنا هنقعد معاهم هناك."

رحنا على محطة الأتوبيس و إحنا ماشيين. محطة الأتوبيس مكانتش بعيدة، لكن كان فيها أتوبيسات كتير أوي.

رحت لواحد و سألته: "لو سمحت، الأتوبيس ده رايح على الواحة؟" قالي لأ.

عماد قال: "استنى، استنى... أتوبيسات الواحة في آخر المحطة."

قلتله: "إنتو رحتوا قبل كده ولا أيه؟"

عماد رد: "لأ، بس سألت ناس راحوا، عشان نعرف نروح زيهم."

مشينا للآخر المحطة و ركبنا أتوبيس رايح للواحة. و كان أتوبيس كبير، أكبر من الأتوبيسات اللي في المدينة.

الأتوبيس كان ماشي بسرعة لدرجة إني كنت قاعد جنب الشباك. و كنت سامع صوت الهوا. الأتوبيس وقف في تلات محطات و نزلنا في المحطة الأخيرة.

المكان كان باين إنه بداية للصحرا لإن مفيش محلات و مفيش مطاعم و مفيش بيوت كتير. كل اللي موجود الطريق بس و شوية عربيات.

نزلنا من الأتوبيس و كانت الدنيا ليل. و كان فيه عواميد نور بس قليلة.

سألتهم: "إحنا هنبات فين؟ أنا حاسس إني نعسان."

محمود قال: "طالما نعسان هنركب العربيات الكبيرة اللي بتمشي في الصحرا و ننام في الطريق."

و رحنا للعربيات. ركبت أول عربية شفتها و كان عماد و محمود بيكلموا السواق. بس أنا مسمعتش حاجة لإني كنت نعسان أوي و نمت.

لما صحيت تاني يوم كنا لسه في الطريق، و محمود و عماد لسه نايمين.

سألت السواق: "لسه بدري على ما نوصل؟"

السواق قالي: "لأ، مش كتير، خمس ساعات بس."

قلتله: "بس الخمس ساعات دي كتير."

السواق قال: "بس مش كتير جوه الصحرا، لإن الصحرا واسعة أوي."

سألته: "لو هتمشي الصحرا كلها بالعربية، هتاخد كام يوم؟"

السواق قال: "ممكن أسبوع مثلا."

كانت العربية واسعة من جوه، و كانت نضيفة، و فيه أزايز ماية و بوصلة و راديو.

السواق سألني: "تحب أشغل الراديو؟"

رديت: "بلاش دلوقتي عشان عماد و محمود نايمين. لما يصحوا نبقى نشغل الراديو."

فضلت أبص على الصحرا من الشباك. و كان فيه بحيرات و حوالين البحيرات دي فيه نخل و شجر.

و كان الطريق في الصحرا مستوي لإن كل العربيات بتمشي من نفس الطريق. لكن الشمس كانت قوية و الدنيا حر. وقفت العربية جنب بيت صغير مبني من الطوب. و جنب البيت الصغير ده فيه واحة.

السواق قال: "يلا يا رجالة، اصحوا، وصلنا خلاص."

صحي عماد و محمود. و نزلنا من العربية و شلت معاهم الشنط بتاعتهم. الشنطة بتاعتي كانت صغيرة و خفيفة. أما الشنط بتاعتهم كانت كبيرة و تقيلة. لإني مكنتش ناوي أروح الصحرا من الأول، فا مخدتش حجات كتير.

نزلنا و دخلنا البيت الصغير.

كان فيه راجل لابس جلابية بيضا و لابس عمة، بس شكلها مختلف عن عمة محمود اللي من الصعيد. و كان البيت بسيط، لكنه كان جميل.

محمود قالي: "يا أحمد سلم على الراجل البدوي المحترم ده. البدو كلهم ناس محترمين و بيساعدونا."

سلمت عليه و قلتله: "أهلا، اتشرفت بمعرفتك."

الراجل البدوي وطى راسه بشكل بيعبر على الاحترام.

بعد ما سلمت على الراجل البدوي، كان طول الوقت مبتسم. و جابلنا تمر و شاي. التمر كان لذيذ و الشاي كان أحلى من الشاي اللي شربناه في القطر.

الراجل البدوي قال: "إنتو هترتاحوا هنا لحد بكره. و هنجيبلكو الجمال و تدخلوا في عمق الصحرا."

عماد قاله: "ليه كده طيب؟ ما نجيب الجمال من النهارده. إحنا نمنا و ارتاحنا في العربية."

الراجل البدوي ضحك و قال: "خلاص، اللي تشوفوه. هروح أجيبلكو الجمال من دلوقتي."

راح الراجل البدوي و فضلت قاعد مع عماد و محمود. كنا كلنا متحمسين.

بعد شوية طلعت لبره و مشيت ناحية البحيرة اللي جنب البيت الصغير.

لمستماية البحيرة و كانت ساقعة. و ده خلاني أستغرب جدا. إزاي بحيرة في الصحرا و الماية بتاعتها ساقعة؟

لقيت محمود واقف ورايا و قالي: "اشرب منها. الماية دي بتتشرب و ماية جميلة."

شربت من البحيرة و كانت الماية ساقعة و جميلة فعلا.

و فضلت أمشي حوالين البحيرة و قعدت تحت النخل في الضل. و حسيت بالهوا الجميل. المكان كإنه في الجنة مش في الصحرا. و كان المكان هادي و مفيش أي صوت.

فجأه سمعنا صوت عماد و هو بيضحك و جاي لينا و هو راكب جمل. و وراه الراجل البدوي و معاه جملين، واحد ليا أنا و واحد لمحمود.

الجمل كان كبير. مكنتش عارف هركب عليه إزاي... لحد ما الراجل البدوي خلى الجمل ينزل للأرض و كان سهل عليا إني أطلع عليه.

بعد ما ركبت، الجمل قام تاني. كان شعور جميل إني أكون فوق جمل بيمشي في الصحرا. كنا بنمشي ببطء في الأول بس بعد كده بقى الجمل أسرع.

و إحنا ماشيين، لقينا صخور كبيرة في الصحرا.

و الراجل البدوي قال: "حد فيكو شاف رمل إسود قبل كده؟"

عماد قال: "أنا شفت رمل أبيض و أصفر، إنما إسود؟ إزاي دي؟"

الراجل البدوي قال: "بصوا كده!"

عدينا من مكان فيه صخور كبيرة و كتيرة و مشفناش اللي ورا الصخور دي. إلا لما عدينا منها. لقينا رمل إسود كتير و كان فعلا غريب إني أشوف رمل لونه إسود.

نزل محمود من على الجمل و حط شوية رمل إسود في الكيس اللي معاه.

فضلنا ماشيين بالجمال لحد ما الشمس بدأت في الغروب. كانت الشمس بتغرب ببطء. و المنظر كان جميل و كنت مبسوط.

عماد قال: "إحنا هنبات فين النهارده؟ على الجمال ولا أيه؟"

قلتله: "و ليه نبات؟ إنت مش هتشوف مكان أجمل من ده."

الراجل البدوي قال: "الخيم موجودة قريب و هتناموا فيها." فضلنا ماشيين بالجمال لحد ما وصلنا للخيم.

الهوا بدأ يزيد لدرجة إن الهوا طير العمة بتاعة محمود.

محمود حاول يقف بالجمل. بس الراجل البدوي قاله: "خليك ماشي، أنا هجيبهالك."

و وصلنا للخيمة و نزلنا من على الجمل و نزلنا الشنط من على الجمل، و بدأنا نحط الشنط في الخيمة.

و ولعنا في الخشب عشان يعمل نار و نشوف في الضلمة. و بعد ما ولعنا النار، قعدنا حواليها عشان نتدفى.

عماد قال: "معرفش الهوا شديد أوي كده ليه."

الراجل البدوي رد: "مش أول مرة يكون الهوا شديد كده. قبل كده طير خيمة كاملة."

قلتله و أنا بضحك: "إنت كده بتبسطنا يعني؟"

الراجل البدوي قال: "لأ، متخافش. معانا خيمة احتياطي."

الهوا زاد أكتر و بقى شديد أوي، و طفى النار اللي كنا عاملينها.

الراجل البدوي قال: "ادخلوا كلكو للخيمة يلا."

دخلوا الخيمة، و لما جيت أدخل شفت الجمال و هما مخبيين وشهم من الهوا الشديد. و كان نفسي أدخلهم الخيمة، بس الخيمة كانت صغيرة.

دخلنا الخيمة، و الهوا اشتد أكتر و كانت الخيمة هتتكسر من قوة الهوا. و بعد شوية، اتكسر أول عمود للخيمة. و أول ما اتكسر العمود ده، كان عبارة عن نصين و بينهم قماش.

و جه في بالي فكرة. قلت لمحمود و الراجل البدوي: "العمة اللي إنتو لابسينها دي قماش، صح؟"

الراجل البدوي قال: "أيوه، قماش."

قلتلهم: "اقلعوهم و افردوهم قصاد بعض عشان يقلل الهوا اللي جاي على الخيمة."

الراجل البدوي قال: "بس القماش الصغير ده ضعيف و الهوا شديد."

محمود قال: "طيب ممكن نجيب قماش الخيمة الاحتياطية؟"

الراجل البدوي قال: "بس كده الخيمة التانية هتبوظ."

عماد قال: "خلاص... افتحوا الخيمة الاحتياطية و نستخدم قماش الخيمة اللي إحنا فيها. كده كده بدأت تبوظ."

بدأنا نفرد الخيمة قدام الخيمة الاحتياطية و نفتح دواير في القماش عشان يقلل الهوا اللي داخل.

و فعلا، الهوا اللي داخل للخيمة الاحتياطية هدي، و قعدنا مستنيين إن الهوا يقف خالص.

محمود قال: "الهوا كان شديد أوي النهارده."

عماد قال: "يا ريت كانت العربية قريبة من هنا كنا هندخلها على طول."

نمنا كلنا من التعب. و صحينا تاني يوم من الشمس.

صحيت من النوم، لقيت الراجل البدوي صاحي و بيأكل الجمال.

قلت لمحمود: "كويس إن الهوا مطيرش الشنط بتاعتنا."

محمود رد: "أيوه الشنط كانت تقيلة و استحملت الهوا."

و فجأه افتكرت الشنطة بتاعتي. لإنها كانت خفيفة مش تقيلة. قلت: "شنطتي! فين الشنطة بتاعتي؟" و قمت أدور على الشنطة في كل مكان، لكن ملقيتهاش.

رحت و قلت للراجل البدوي: "شنطتي غالبا كده... طارت. هنعرف نجيبها ولا أيه؟"

الراجل البدوي قالي: "متقلقش، كل حاجة ممكنة في الصحرا."

أنا مصدقتوش بصراحة. إزاي هنلاقي الشنطة اللي طارت بسبب الهوا من إمبارح؟ كلت مع محمود و عماد.

و الراجل البدوي قال: "يلا نركب الجمال عشان رحلتنا النهارده إننا نلاقي شنطة أحمد!"

سألته: "و هتعرف إزاي هي راحت فين؟ أو حتى الاتجاه بتاعها!"

الراجل البدوي نزل للأرض و مسك الرمل و قال: "بده!"

ركبنا الجمال و مشينا وراه. و كان بيشوف الرمل رايح لأنهي ناحية. الرمل لفوق ولا لتحت ولا اليمين ولا الشمال.

فضلنا راكبين على الجمال كتير لحد ما أثر الشنطة بان على الرمل. و إن الشنطة كانت بتتحرك من المكان ده.

فرحت جدا لكن برضه كنت شاكك إني هلاقي شنطتي.

شفنا خيمة من بعيد. عماد قال: "أكيد الشنطة وصلت لهنا و هما خدوها."

الراجل البدوي رد: "لو جت هنا، هيدوهالنا على طول. متقلقش."

جيت أدخل الخيمة، الراجل البدوي قالي: "استنى متدخلش." و فضلنا مستنيين بره الخيمة.

محمود قال: "هنستنى كده كتير ولا أيه؟"

الراجل البدوي قال: "لأ، متقلقش."

بعدها على طول، راجل طلع من الخيمة و قال: "إنتو جايين عشان الشنطة، صح؟"

قلتله: "أيوه."

قال: "بس لازم تدخلوا تقعدوا معانا في الخيمة الأول."

دخلنا الخيمة و جابولنا كعك و بسكوت. كنت فاكر إنهم بدو، لكن طلعوا في رحلة زينا. كان راجل كبير و مراته و بنتهم.

قلتلهم: "إنتو إزاي الخيمة بتاعتكو متكسرتش من الهوا الشديد اللي كان موجود إمبارح."

قالي: "لأ، إحنا لسه جايين النهارده."

عماد قال: "ياه، إنتو محظوظين. إمبارح الهوا كان شديد لدرجة إن الخيمة اتكسرت."

الراجل البدوي قال: "مين وصلكم لهنا؟ جيتوا لوحدكو؟"

الراجل الكبير اللي كنا قاعدين معاه قال: "لأ، كان معانا راجل بدوي بس راح يجيب أكل و ماية و هيرجعلنا تاني."

سألتهم: "يعني مكلتوش من إمبارح؟"

الراجل قال: "لأ، كلنا، بس عشان الأيام الجاية يعني."

عماد قال: "أنا شايف إننا نحط خيمتنا جنبكو و نكمل الرحلة سوا. أيه رأيكو؟"

الراجل قال: "مفيش مشكلة، و أهو نسلي بعض."

بعد كده التفت لبنته و قال: "هاتي الشنطة بتاعتهم يا حبيبة."

بنت الراجل جابتلي الشنطة بتاعتي و شكرتها. كانت بنت جميلة و إسمها كمان كان جميل. و من أول ما إدتني الشنطة، فضلت باصص ليها.

حتى لما رجعت و قعدت جنب مامتها، فضلنا نبص لبعض. لحد ما محمود قال: "نستأذن إحنا بقى يا جماعة. تقلنا عليكو معلش. و شكرا على إنكو حافظتوا على شنطة أحمد."

الراجل قال: "لا شكر على واجب."

مكنتش عايز أقوم، لكن قمت و رحت الخيمة بتاعتنا. و فضلت أبص لبره الخيمة مستني حبيبة تطلع. لكنها مطلعتش باقي اليوم.

قلت لمحمود و عماد: "بقولكو أيه... فيه حاجة إسمها الحب من أول نظرة؟"

عماد فضل يضحك و قال: "أيوه أيوه، فيه... بس في الأفلام!"

محمود قال: "طبعا قصدك على البنت اللي شفتها إمبارح خمس دقايق."

قلتلهم: "يا جماعة، والله كانوا كإنهم خمس ساعات، و بعدين هي كمان كانت بتبصلي."

عماد قال: "مش معنى إنها بتبصلك يعني بتحبك يا أحمد."

قلتلهم: "خلاص خلاص... إنتو أحبطتوني."

محمود رد: "مش بنحبطك، بس دي الحقيقة."

قمت بعدها و كنت تعبان جدا و عايز أنام. لما جيت أجيب المخدة عشان أنام، لمحت حد طلع بره الخيمة اللي قدامنا.

طلعت بسرعة لبره و لقيت إنها حبيبة. طلعت و وقفت جنبها.

و بعدين قلت: "إنتي أيه ما طلعك دلوقتي؟"

قالت: "بحب أشوف الغروب أوي."

قلتلها: "و أنا كمان، بحب أشوف الغروب."

و قعدنا بعدها على الرمل. و بصيتلها و هي باصة على الشمس و حسيت كإن عينيها بتخطفني، بس بصيت على الشمس بعدها عشان متحسش إني ببصلها كتير.

و بعدين سألتها: "إنتي بتحبي السفر؟"

قالتلي: "أيوه بحبه أوي."

قلتلها: "إنتي منين أساسا؟"

ردت: ”من القاهرة.“

قلتلها: ”و أنا كمان... دي صدفة جميلة أوي.“

قالتلي: ”شكرا، بس أنا هدخل دلوقتي الخيمة.“

حسيت إني ضايقتها و كلمتها غصب عنها. فا سألتها: ”هو أنا ضايقتك إني جيت أكلمك؟“

قالتلي: ”لأ، بس عشان الوقت اتأخر و بقى ضلمة.“

دخلت الخيمة بتاعتها و فضلت أنا بره شوية. و جه من ورايا محمود و قعد معايا.

محمود قال: ”متقلقش. عشان أول مرة تتقابلوا و تتكلموا بس. ممكن تكون مكسوفة.“

قلتله: ”هدخل أنام و صحيني لما تجهزوا الأكل.“

و دخلت و نمت و أنا بفكر هكلمها إزاي.

محمود صحاني. ”أحمد! أحمد! يلا الأكل جاهز!“

طلعت بسرعة ليهم. لقيتهم بيشووا و حبيبة قاعدة مع أهلها و الراجل البدوي و عماد. رحت بسرعة و قعدت قدام حبيبة.

أبو حبيبة قال: ”قول السلام عليكو حتى يا أحمد.“

قلتله: ”آسف والله يا عمي. لسه صاحي و مش مركز.“

فضلنا قاعدين و بنتكلم لحد ما قام الراجل البدوي و أبو حبيبة و عماد و متبقاش غيري أنا و محمود و حبيبة.

قلت لمحمود: ”ما تروح تكلم عماد ولا تعملوا أي حاجة سوا.“ حبيبة ضحكت.

محمود قال: ”لأ يا عم، أنا هفضل قاعد هنا.“

قلتله: ”خلاص، براحتك.“

و قمت و جبت الكاميرا بتاعتي من الشنطة الصغيرة. و بدأت أصور النار و النجوم.

حبيبة سألتني: "أيه ده؟ إنت بتصور؟"

رديت: "أيوه، بتحبي التصوير ولا أيه؟"

حبيبة قالت: "أيوه بحبه أوي أوي."

قلتلها: "خلاص تعالي بقى أصورك."

و بدأت أصورها، و كل ما تضحك أو تبتسم، أحبها أكتر. و نزلت الكاميرا من على عيني و فضلت باصصلها.

قالتلي: "أيه؟ ما تكمل تصوير!"

قلتلها: "إنتي جميلة أوي، و بحب أبصلك." حبيبة اتكسفت و مردتش.

كملت و قلت: "على فكرة، أنا ممكن أكلم باباكي عشان نتخطب و نتعرف على بعض أكتر في وقت الخطوبة عشان تتطمني إن أنا إنسان كويس."

حبيبة قالت: "أنا حاسة إنك إنسان كويس من غير حاجة بس أنا بتكسف." و كملت و قالت: "أنا هدخل دلوقتي بقى. أشوفك بكره."

فضلت واقف و باصصلها لحد ما دخلت الخيمة بتاعتها.

رحت و دخلت الخيمة بتاعتنا و قلت لصحابي عماد و محمود: "بقولكو أيه بقى، أنا مش هسيبها تضيع مني أبدا. أعمل أيه؟ قدامنا أيام قليلة و هنمشي من هنا و مش هشوفها تاني."

عماد قال: "اقبل الحقيقة و خلاص بقى."

قمت و قلت: "لأ، مش هقبل الحقيقة و هغير الحقيقة كمان!"

محمود قال: "إزاي بقى؟ هتتقدملها يعني؟"

قلت: "أيوه، هتقدملها."

محمود قعد يضحك، و بعدها قال: "ماشي يا عم أحمد، ماشي."

كان فاكر إني بهزر، بس مكنتش بهزر. و كنت حاسس إن حبيبة هي البنت اللي عايز أعيش معاها.

و كنت ببص لخيمتهم لما تكون مفتوحة و ألاقيها مع مامتها، بتمنى تكون بتكلمها عني.

و كل ما تعدي الأيام حبي لحبيبة بيزيد، لدرجة إني حسيت إن مينفعش حبيبة متكونش في حياتي.

كنت بطلع و أتمشى لوحدي و كان كل تفكيري في حبيبة، بدل ما يكون كل تفكيري في الصحرا و جمالها... لحد ما جه يوم، قررت إن خلاص لازم أخلي حبيبة معايا. و في آخر يوم لينا في الصحرا، بعد الغدا على طول قررت أقول لأبو حبيبة على الموضوع.

أبو حبيبة قال: "اتبسطت و اتشرفت بيكو يا رجالة. و يا ريتكو ما كنتوا ماشيين."

أنا قلت: "معلش يا عمي، فيه حاجة أهم من كده."

أبو حبيبة قال: "أيه هي؟"

قلتله: "أنا عايز أتقدم لبنتك حبيبة و أخطبها."

حبيبة ابتسمت و مسكت في إيد مامتها جامد. حسيت إنها مبسوطة فا اتبسطت أكتر.

أبو حبيبة قال: "أيوه يابني بس إنتو لسه شايفين بعض من كام يوم."

رديت: "كان نفسي نفضل وقت أطول بس مش عايزها تضيع مني لما نمشي."

أبو حبيبة: "ماشي بس الأول ناخد رأي حبيبة."

حبيبة ابتسمت و شاورت براسها لتحت، يعني إنها موافقة.

أبو حبيبة قال: "على بركة الله. يلا نقرا الفاتحة." قرينا الفاتحة و بعدين عماد قام و فضل يغني و إحنا نصقف و مامة حبيبة زغرطت.

قمت و خدت حبيبة من إيديها و بعدنا سوا.

بصيتلها و قلت: "أنا محظوظ إني طلعت الرحلة دي. و دي أجمل صدفة في حياتي."

حبيبة قالت: "أنا كمان مكنتش جاية الرحلة دي، و على فكرة أنا حبيتك من أول نظرة، بس كنت مكسوفة أقول، و آسفة لو عاملتك وحش في الأول." و بست إيديها.

و بعدين رجعنا لأبو حبيبة و قلتله: "النهارده يوم أيه يا عمي؟"

قالي: "النهارده السبت."

قلتله خلاص: "الحد يوم الحنة، و الاتنين كتب الكتاب،. و التلات الفرح."

ضحك أبو حبيبة و كلنا فضلنا نضحك. و كانت دي هي أجمل سفرية في حياتي. و بعد ما مشينا من الصحرا، مرحتش للقرية و الريف زي ما كنت عايز... رحت لحبيبة. و من غير رجوع.

Comprehension Questions

1. أحْمد سافِر ليْه بِالْقطْر؟
2. في أيّ يوْم القِصّة بدأِت؟
3. مين الرّاجِل اللي قعد أحْمد مكانُه في القطْر؟
4. محْمود كان لابِس أيْه على راسُه؟
5. ليْه أحْمد اِسْتغْرب لمّا عِرِف إنّ محْمود مِن الصّعيد؟
6. إزّاي الرّاجِل البدَوي عِرِف يِلاقي شنْطِةْ أحْمد؟
7. ليْه الهَوا هدم الخيْمة الأوّلانية؟
8. أيْه الحلّ بقى لمّا الخيْمة اِتْهدت؟
9. مين كان في الخيْمة التّانْيَة لمّا راحوا يِدوّروا على الشّنْطة؟
10. إزّاي حبيبة لقِت شنْطِةْ أحْمد؟
11. أحْمد شاف حبيبة إمْتى أوِّل مرّة؟
12. أيْه اللي خلّى أحْمد يِحِبّ حبيبة؟
13. أيْه هِيَّ هِوايِةْ حبيبة المُفضّلة؟
14. إزّاي أحْمد عبرّ عن حُبُّه لِحبيبة؟
15. أيْه كان ردّ فِعْل حبيبة لمّا أحْمد قالّها إنُّه عايِز يِتْقدِّمْلها؟
16. أيْه كان رأْي أصْحاب أحْمد في مَوْضوع الجَواز؟
17. أيْه كان ردّ فِعْل أبو حبيبة لمّا أحْمد طلب إيد بِنْتُه؟
18. ليْه حبيبة كانِت خجولة في الأوِّل؟
19. أيْه اللي حصل بعْد قِرايِةْ الفاتْحة؟
20. خِطّة أحْمد كانِت أيْه عشان يِتْجوِّز بِسُرْعة؟

1. Why did Ahmed travel by train?
2. What day did the story start?
3. Who was the man who gave Ahmed his seat on the train?
4. What was Mahmoud wearing on his head?
5. Why was Ahmed surprised when he learned Mahmoud was from Upper Egypt?
6. How did the Bedouin man find Ahmed's bag?
7. Why did the wind destroy the first tent?
8. What was the solution when the tent collapsed?
9. Who was in the second tent when they went looking for the bag?
10. How did Habiba find Ahmed's bag?
11. When did Ahmed first see Habiba?
12. What made Ahmed fall in love with Habiba?
13. What is Habiba's favorite hobby?
14. How did Ahmed express his love for Habiba?
15. What was Habiba's reaction when Ahmed told her he wanted to marry her?
16. What was Ahmed's friends' opinion about the marriage?
17. What was Habiba's father's reaction when Ahmed asked for his daughter's hand?
18. Why was Habiba shy at first?
19. What happened after reading Al-Fatiha?
20. What was Ahmed's plan for the quick marriage?

Answers to the Comprehension Questions

1. كان بِيْسافِر كِتير بينْ المُحافْظات، و القطْر كان أحْسن طريقة عشان سريع و رِخيص.
2. كان يوْم الخميس.
3. واحِد مِن أرْبع رِجالة كانوا قاعْدين و بيِتْكلِّموا.
4. كان لابِس عِمّة على راسُه.
5. عشان هُوَّ كان في القاهِرة مِش في الصّعيد.
6. شاف اِتِّجاهْ الرّمْل و عِرِف مِنْها الشّنْطة راحِت فينْ.
7. عشان الهَوا كان جامِد أَوي و كسر العمود بِتاع الخيْمة.
8. اِسْتخْدموا الخيْمة التّانْيَة و حطّوا قُماش الخيْمة اللي اتْهدِّت قُدّامْها.
9. كان فيه راجِل كِبير في السِّنّ و مِراتُه و بِنْتُهُم حبيبة.
10. هِيَّ و أهْلها لقوا الشّنْطة و خدوها معاهُم.
11. شافْها لمّا راح يِدوّر على شنْطِتُه.
12. جمالْها و إنّها كانِت بِتْحِبّ نفْس الحاجات اللي هُوَّ بِيْحِبّها.
13. كانِت بِتْحِبّ التّصْوير زيّ أحْمد.
14. قالْها إنّها جميلة و إنُّه بِيْحِبّ يِبُصِّلْها.
15. اِتْكسفِت و مردِّتْش في الأوِّل، بسّ كانِت مبْسوطة.
16. كانوا فاكْرينُه بِيْهزّر و إنُّه مبْيِتْكلِّمْش جدّ.
17. طلب يِعْرف رأْي حبيبة الأوِّل.
18. عشان هِيَّ حبِّتُه مِن أوِّل نظْرة بسّ مكانِتْش عارْفة تِقول.
19. عِماد غنّى و كُلُّهُم سقّفوا و أُمّ حبيبة زغْرطِت.
20. عايِز يِعْمِل الحِنّة يوْم الحدّ، و كتْب الكِتاب يوْم الاِتْنينْ، و الفرح يوْم التّلات.

1. He traveled frequently between governorates, and the train was the best way because it was fast and cheap.
2. It was Thursday.
3. One of four men who were sitting and talking.
4. He was wearing a turban on his head.
5. Because he was in Cairo and not in Upper Egypt.
6. He saw the direction of the sand and knew from it where the bag went.
7. Because the wind was very strong and broke the tent pole.
8. They used the spare tent and put the broken tent's cloth in front of it.
9. There was an elderly man, his wife, and their daughter Habiba.
10. She and her family found the bag and took it with them.
11. He saw her when he went looking for his bag.
12. Her beauty and that she liked the same things he liked.
13. She loved photography like Ahmed.
14. He told her she was beautiful and that he loved looking at her.
15. She was shy and didn't respond at first, but she was happy.
16. They thought he was joking and not serious.
17. He asked to know Habiba's opinion first.
18. Because she loved him at first sight but couldn't say it.
19. Emad sang, everyone clapped, and Habiba's mother ululated.
20. He wants to have the henna party on Sunday, the katb-kitab on Monday, and the wedding on Tuesday.

Summary

Read the scrambled summary of the story below. Write the correct number (1–10) in the blank next to each event to show the proper sequence.

___ أحْمد شاف حبيبة و وِقع في حُبّها.

___ أبو حبيبة وافِق و قروا الفاتْحة.

___ دوّروا على الشّنْطة و لاقوها عنْد عيْلِةْ حبيبة.

___ قضّوا وَقْت معَ بعْض و اِتْصوّروا.

___ أحْمد رِكِب القطْر و قابِل محْمود و عِماد.

___ أحْمد حطّ خُطِّة عشان يِتْجوِّزوا بِسُرْعة.

___ وِصْلوا لِلْبيْت الصُّغيرّ و قابْلوا الرّاجِل البدَوي.

___ قرّروا يِروحوا الصّحرا معَ بعْض.

___ أحْمد قرّر يِتْقدِّم لِحبيبة.

___ الهَوا الشِّديد هدّ الخيْمة و طيرّ شنْطِةْ أحْمد.

Key to the Summary

6   Ahmed saw Habiba and fell in love with her.

9   Habiba's father agreed and they read Al-Fatiha.

5   They searched for the bag and found it with Habiba's family.

7   They spent time together and took photos.

1   Ahmed rode the train and met Mahmoud and Emad.

10 Ahmed made a plan for the quick wedding.

3   They arrived at the small house and met the Bedouin man.

2   They decided to go to the desert together.

8   Ahmed decided to propose to Habiba.

4   Strong winds destroyed the tent and blew away Ahmed's bag.

Egyptian Arabic Readers Series

www.lingualism.com/ear

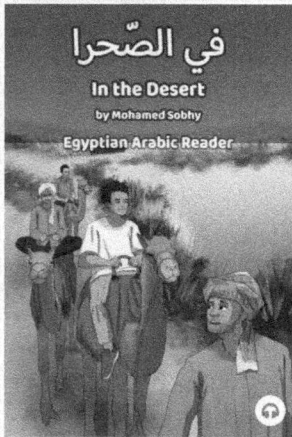

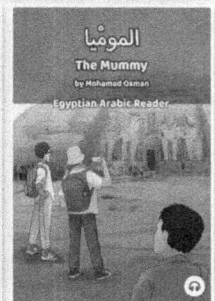

Egyptian Arabic Reader
ميدان التّحْرير
Tahrir Square
by Mohamad Osman
أحْلام صامْتة
Silent Dreams
by Nourhan Sabek
Egyptian Arabic Reader
لعْنةِ الإسْكنْدر
Alexander's Curse
by Mostafa Abdel Nasser
Egyptian Arabic Reader
في الصّحرا
In the Desert
by Mohamed Sobhy
Egyptian Arabic Reader
Egyptian Arabic Reader
الصّداقة وَلّا الحُبّ؟
Friendship or Love?
by Nourhan Sabek
Egyptian Arabic Reader
أمل
Hope
by Nourhan Sabek
شيريهان
Sherihan
سِرّ النّجاح
The Secret of Success
الدّجّال
The Charlatan
جيتار الحُبّ
The Guitar of Love
Egyptian Arabic Reader
جَوازي صالوْنات
My Arranged Marriage
by Nourhan Sabek
Egyptian Arabic Reader
الصّيّاد و العُمْلة المعْدنية
The Fisherman and the Coin
by Mohamed Sobhy
المومْيا
The Mummy
by Mohamad Osman
Egyptian Arabic Reader
A Dog's Tale
Like Looking in a Mirror

www.ingramcontent.com/pod-product-compliance
Lightning Source LLC
Chambersburg PA
CBHW072049040426
42447CB00012BB/3078
* 9 7 8 1 9 4 9 6 5 0 2 3 5 *